Yellow Umbrella Books are published by Capstone Press,
151 Good Counsel Drive, P.O. Box 669, Mankato, Minnesota 56002.
www.capstonepress.com

Library of Congress Cataloging-in-Publication Data
Cipriano, Jeri S.
    [Harvest time. Spanish]
    La cosecha / por Jeri Cipriano.
    p. cm.—(Yellow Umbrella: Social Studies - Spanish)
    Includes index.
    ISBN 0-7368-4176-8 (hardcover)
    1. Food crops—Harvesting—Juvenile literature. 2. Harvesting— Juvenile literature.
I. Title. II. Social studies (Mankato, Minn.)
SB175.C5618 2005
631.5′5—dc22   2004055232

Summary: Simple text and photographs show how some fruits, vegetables, grains, and nuts
grow and are harvested.

Editorial Credits
Editorial Director: Mary Lindeen
Editor: Jennifer VanVoorst
Photo Researcher: Wanda Winch
Developer: Raindrop Publishing
Adapted Translations: Gloria Ramos
Spanish Language Consultants: Jesús Cervantes, Anita Constantino
Conversion Editor: Roberta Basel

Photo Credits
Cover: Doug Menuez/PhotoDisc; Title Page: Creatas; Page 2: Royalty-Free/Corbis; Page 3:
Royalty-Free/Corbis; Page 4: Creatas; Page 5: James P. Blair/Corbis; Page 6: Inga Spence/
Visuals Unlimited; Page 7: Gene Alexander/USDA; Page 8: Royalty-Free/Corbis; Page 9:
Royaly-Free/Corbis; Page 10: F. Schussler/PhotoLink/Photodisc; Page 11: Royalty-Free/
Corbis; Page 12: Royalty-Free/Corbis; Page 13: Royalty-Free/Corbis; Page 14: Inga Spence/
Visuals Unlimited; Page 15: Alice Welch/USDA; Page 16: Comstock

1 2 3 4 5 6 10 09 08 07 06 05

La cosecha

por Jeri Cipriano

Consultant: Leesa Witt, Director of Education, National Farmers Union

Yellow Umbrella Books
Social Studies - Spanish

an imprint of Capstone Press
Mankato, Minnesota

Cosechando frutas

Es el tiempo de cosechar.
Las fresas en el jardín
están listas para ser recogidas.

Puedes recoger la fresa de la planta de fresas.

Es el tiempo de cosechar.
Las manzanas en la huerta
están listas para ser recogidas.

Este trabajador usa una escalera de mano para alcanzar la copa del árbol.

Cosechando vegetales

Las papas en el campo
están listas para ser desenterradas.

Las papas crecen debajo
de la tierra. Estas papas
se ven listas para ser comidas.

Las calabazas maduras
están listas para ser cosechadas.

Las calabazas crecen
en las enredaderas.
¿Qué calabaza escogerías tú?

Cosechando granos

Es el tiempo de cosechar.
El trigo en el campo está listo
para ser cortado.
El trigo es un grano.

El trigo crece en espigas altas. Una máquina lo corta y lo separa.

El maíz en el campo está listo para ser cosechado. El maíz es un grano, también.

El maíz crece en tallos altos.
Las máquinas cortan los tallos
de maíz. Pelan y limpian el maíz.

Cosechando nueces

Los cacahuetes en el campo están listos para ser cosechados.

¡Es el tiempo de cosechar!
¡Es tiempo de comer!

Los cacahuetes crecen debajo
de la tierra. La parte del cacahu
que comemos se llama la semi